Mi biblioteca de ciencias

Estudiamos el tiempo y el clima

Conrad J. Storad

Editora científica:
Kristi Lew

ROURKE PUBLISHING

www.rourkepublishing.com

Editora científica: Kristi Lew
Antigua maestra de escuela secundaria con una formación en bioquímica y más de 10 años de experiencia en laboratorios de citogenética, Kristi Lew se especializa en hacer que la información científica compleja resulte divertida e interesante, tanto para los científicos como para los no científicos. Es autora de más de 20 libros de ciencia para niños y maestros.

www.rourkepublishing.com

A Meghan. ¡Nunca dejes de enseñar!
— CJS

Photo credits: Cover © leonid_tit, Plechi, firtad, Cover logo frog © Eric Pohl, test tube © Sergey Lazarev; Table of Contents © vichie81; Page 5 © Regien Paassen; Page 6 © rickt; Page 7 © Malte Pott; Page 9 © Jan Martin Will; Page 10 © Kevin Carden, Ari V; Page 11 © Armin Rose, Stephen Coburn; Page 12 © Eder, huyangshu; Page 13 © Daniel Loretto, Pi-Lens; Page 15 © Anton Prado PHOTO; Page 17 © Tony Campbell; Page 18 © lafoto; Page 19 © Dean Kerr; Page 20 © United States Air Force/Bo Joyner; Page 21 © Carolina K. Smith, M.D.

Editora: Kelli Hicks
Cubierta y diseño de página de Nicola Stratford, bdpublishing.com
Traducido por Yanitzia Canetti
Edición y producción de la versión en español de Cambridge BrickHouse, Inc.

Library of Congress Cataloging-in-Publication Data

Storad, Conrad J.
  Estudiamos el tiempo y el clima / Conrad J. Storad.
    p. cm. -- (Mi biblioteca de ciencas)
  Includes bibliographical references and index.
  ISBN 978-1-61741-749-8 (Hard cover) (alk. paper)
  ISBN 978-1-61741-951-5 (Soft cover)
  ISBN 978-1-61236-924-2 (Soft cover- Spanish)
  1. Climatology. 2. Weather. I. Title.
  QC854.S76 2012
  551.6--dc22
                        2011938877

Rourke Publishing
Printed in the United States of America,
North Mankato, Minnesota
091911
091911MC

www.rourkepublishing.com - rourke@rourkepublishing.com
Post Office Box 643328 Vero Beach, Florida 32964

Contenido

¿Tiempo o clima?

El **tiempo** y el **clima** cambian la forma del mundo en que vivimos.

El tiempo es el estado de la atmósfera en un momento dado. Incluye la temperatura, la velocidad del viento y las **precipitaciones**. El tiempo siempre está cambiando.

El clima es el patrón del tiempo durante años o décadas.

El clima del desierto es árido o muy seco.

5

Pronóstico del tiempo

Los científicos que estudian los patrones del tiempo se llaman **meteorólogos**. Ellos registran datos del tiempo como temperatura y precipitaciones. También registran el paso de las tormentas.

Un mapa del tiempo muestra mucha información. Puede mostrar la temperatura en diferentes partes del país o del mundo.

Algunos científicos van tras las tormentas. Quieren saber qué tan rápido se forman y se mueven las tormentas.

Los científicos que estudian el clima se llaman **climatólogos**. Ellos estudian cómo era el tiempo y el clima en el pasado para tratar de entender cómo podría ser en el futuro.

Algunos climatólogos estudian el cambio del clima y sus efectos futuros en el Ártico.

Los meteorólogos y climatólogos utilizan muchas herramientas, instrumentos y aparatos para obtener datos del tiempo y del clima.

Pluviómetro

El pluviómetro mide la cantidad de lluvia que cae en un lugar.

Manga de viento

La manga de viento unida a un poste muestra en qué dirección y con cuánta fuerza sopla el viento.

Las computadoras analizan los datos recogidos por diversos instrumentos para ayudar a los meteorólogos y climatólogos a pronosticar los patrones del tiempo y crear modelos climáticos.

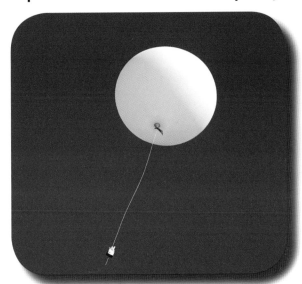

Globo meteorológico

Los científicos usan los globos meteorológicos para elevar al cielo aparatos especiales que recogen información meteorológica.

Satélite del tiempo

Estos satélites orbitan la Tierra. Usan cámaras y otros equipos para hacer un seguimiento de las condiciones climáticas extremas.

Las nubes les dan a los meteorólogos pistas acerca de los patrones del tiempo. Están formadas por gotas de agua o hielo.

Estratos

Nubes planas y grises que se mantienen bajas en el cielo. La niebla es una nube estrato a nivel del suelo.

Cúmulos

Nubes grandes, blancas y esponjosas que suelen mostrar buen tiempo, a menos que crezcan y se conviertan en lluvia.

Cuando una nube contiene exceso de agua o hielo, cae sobre la Tierra en forma de precipitación. Puede ser en forma de lluvia, nieve, aguanieve o granizo.

Cumulonimbos
Estas enormes nubes suelen traer tormentas eléctricas.

Cirros
Nubes delgadas y livianas que se forman muy alto en el cielo.

Climas extremos

Cuando hay demasiadas precipitaciones o no cae ninguna, estamos ante climas extremos.

Una **sequía** se produce cuando hay precipitaciones inferiores a lo normal por un período prolongado de tiempo.

Cuando la lluvia no cae por meses o años, el suelo puede secarse y agrietarse.

15

Una inundación se produce cuando una gran cantidad de lluvia cae en un corto período de tiempo y los niveles de agua aumentan rápidamente. Esto puede causar que un arroyo, río o lago se desborde.

Una inundación repentina origina corrientes rápidas de agua y puede destruir inmediatamente casi todo a su paso.

Las inundaciones pueden destruir casas y causar grandes años.

Un **tornado** es una poderosa columna de aire giratorio que viaja a ras del suelo a velocidades de hasta 70 millas por hora (113 kilómetros por hora). Un tornado hace un ruido tan fuerte como un tren.

El embudo giratorio del tornado tiene una poderosa fuerza destructiva.

Los meteorólogos utilizan el radar Doppler para predecir el posible desarrollo de tornados y tormentas eléctricas.

Los **huracanes** y tifones son tormentas muy potentes. Cuando tocan tierra, pueden hacer mucho daño con sus fuertes vientos, lluvias intensas, inundaciones y enormes olas contra la orilla.

Los aviones caza-huracanes vuelan dentro del ojo del huracán para estudiar las tormentas masivas.

Esta imagen de satélite muestra un huracán que cubre la mayor parte de la Florida.

FLORIDA

21

DEMUESTRA lo que sabes

1. ¿Cuál es la diferencia entre tiempo y clima?

2. ¿Qué tipo de instrumentos usan los científicos para estudiar el tiempo y el clima?

3. Describe un tipo de clima extremo.

Glosario

clima: tiempo típico de un lugar durante un largo período de tiempo

climatólogos: científicos que estudian los patrones climáticos durante largos períodos de tiempo

huracanes: violentas tormentas que traen intensas lluvias y fuertes vientos

meteorólogos: científicos que estudian la atmósfera de la Tierra

precipitación: agua que cae del cielo en forma de lluvia, aguanieve, granizo o nieve

sequía: largo período de tiempo sin lluvia

tiempo: estado de la atmósfera en un determinado momento y lugar

tornado: violenta y muy destructiva tormenta de viento que aparece a partir de una nube oscura en forma de embudo

Índice

Sitios en la Internet

www.theweatherchannelkids.com/

www.wxdude.com/kidres.html

www.tornadochaser.com

www.weatherwizkids.com"

Foto por Tom Story

Acerca del autor

Conrad J. Storad es un autor premiado con más de 30 libros para niños. Escribe sobre animales del desierto, plantas, animalillos que se arrastran, y sobre los planetas. Conrad vive en Tempe, Arizona, con su esposa Laurie y con Sofía, su alargada y pequeña perrita salchicha. ¡A ellos les encanta explorar los desiertos y las montañas de Arizona!